国家出版基金项目
NATIONAL PUBLICATION FOUNDATION

记住乡愁

——留给孩子们的中国民俗文化

刘魁立 ◎ 主编

陈淑卿 ◎ 编著

第十一辑 生肖祥瑞辑

吉祥瑞兽·龟

本辑主编 张 勃

黑龙江少年儿童出版社

编委会

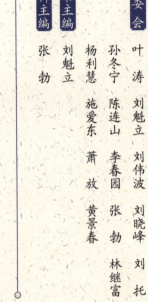

序

　　亲爱的小读者们，身为中国人，你们了解中华民族的民俗文化吗？如果有所了解的话，你们又了解多少呢？

　　或许，你们认为熟知那些过去的事情是大人们的事，我们小孩儿不容易弄懂，也没必要弄懂那些事情。

　　其实，传统民俗文化的内涵极为丰富，它既不神秘也不深奥，与每个人的关系十分密切，它随时随地围绕在我们身边，贯穿于整个人生的每一天。

　　中华民族有很多传统节日，每逢节日都有一些传统民俗文化活动，比如端午节吃粽子，听大人们讲屈原为国为民愤投汨罗江的故事；八月中秋望着圆圆的明月，遐想嫦娥奔月、吴刚伐桂的传说，等等。

　　我国是一个统一的多民族国家，有 56 个民族，每个民族都有丰富多彩的文化和风俗习惯，这些不同民族的民俗文化共同构筑了中国民俗文化。或许你们听说过藏族长篇史诗《格萨尔王传》

中格萨尔王的英雄气概、蒙古族智慧的化身——巴拉根仓的机智与诙谐、维吾尔族世界闻名的智者——阿凡提的睿智与幽默、壮族歌仙刘三姐的聪慧机敏与歌如泉涌……如果这些你们都有所了解，那就说明你们已经走进了中华民族传统民俗文化的王国。

你们也许看过京剧、木偶戏、皮影戏，看过踩高跷、耍龙灯，欣赏过威风锣鼓，这些都是我们中华民族为世界贡献的艺术珍品。你们或许也欣赏过中国古琴演奏，那是中华文化中的瑰宝。1977年9月5日美国发射的"旅行者1号"探测器上所载的向外太空传达人类声音的金光盘上面，就录制了我国古琴大师管平湖演奏的中国古琴名曲——《流水》。

北京天安门东西两侧设有太庙和社稷坛，那是旧时皇帝举行仪式祭祀祖先和祭祀谷神及土地的地方。另外，在北京城的南北东西四个方位建有天坛、地坛、日坛和月坛，这些地方曾经是皇帝率领百官祭拜天、地、日、月的神圣场所。这些仪式活动说明，我们中国人自古就认为自己是自然的组成部分，因而崇信自然、融入自然，与自然和谐相处。

如今民间仍保存的奉祀关公和妈祖的习俗，则体现了中国人崇尚仁义礼智信、进行自我道德教育的意愿，表达了祈望平安顺达和扶危救困的诉求。

小读者们，你们养过蚕宝宝吗？原产于中国的蚕，真称得上伟大的小生物。蚕宝宝的一生从芝麻粒儿大小的蚕卵算起，中间经历蚁蚕、蚕宝宝、结茧吐丝等过程，到破茧成蛾结束，总共四十余天，却能为我们贡献约一千米长的蚕丝。我国历史悠久的养蚕、丝绸织绣技术自西汉"丝绸之路"诞生那天起就成为东方文明的传播者和象征，为促进人类文明的发展做出了不可磨灭的贡献！

小读者们，你们到过烧造瓷器的窑口，见过工匠师傅们拉坯、上釉、烧窑吗？中国是瓷器的故乡，我们的陶瓷技艺同样为人类文明的发展做出了巨大贡献！中国的英文国名"China"，就是由英文"china"（瓷器）一词转义而来的。

中国的历法、二十四节气、珠算、中医知识体系，都是中华民族传统文化宝库中的珍品。

让我们深感骄傲的中国传统民俗文化博大精深、丰富多彩，课本中的内容是难以囊括的。每向这个领域多迈进一步，你们对历史的认知、对人生的感悟、对生活的热爱与奋斗就会更进一分。

作为中国人，无论你身在何处，那与生俱来的充满民族文化DNA的血液将伴随你的一生，乡音难改，乡情难忘，乡愁恒久。这是你的根，这是你的魂，这种民族文化的传统体现在你身上，是你身份的标识，也是我们作为中国人彼此认同的依据，它作为一种凝聚的力量，把我们整个中华民族大家庭紧紧地联系在一起。

《记住乡愁——留给孩子们的中国民俗文化》丛书，为小读者们全面介绍了传统民俗文化的丰富内容：包括民间史诗传说故事、传统民间节日、民间信仰、礼仪习俗、民间游戏、中国古代建筑技艺、民间手工艺……

各辑的主编、各册的作者，都是相关领域的专家。他们以适合儿童的文笔，选配大量图片，简约精当地介绍每一个专题，希望小读者们读来兴趣盎然、收获颇丰。

在你们阅读的过程中，也许你们的长辈会向你们说起他们曾经的往事，讲讲他们的"乡愁"。那时，你们也许会觉得生活充满了意趣。希望这套丛书能使你们更加珍爱中国的传统民俗文化，让你们为生为中国人而自豪，长大后为中华民族的伟大复兴做出自己的贡献！

亲爱的小读者们，祝你们健康快乐！

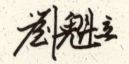

二〇一七年十二月

目 录

崇龟问天——上古时期的龟卜文化

| 崇龟问天——上古时期的龟卜文化 |

远古时期，先民生产力低下，认知能力有限。面对变幻莫测的自然现象和艰难凶险的生存环境，幻想有一种超自然的力量可以依赖。具有超强生命力的龟，便成为沟通天地的首选使者。

1、史前龟灵崇拜

从考古出土资料看，中国人对龟的崇拜，可以上溯到遥远的石器时代。早在距今约8000多年前，位于河南舞阳的贾湖遗址，就出土了大量龟甲遗存。贾湖遗址是一处新石器时代早期聚落，当时先民已经掌握了房屋构筑、陶器烧造、工具加工、水稻种植、家畜饲养，甚至酿酒等多种技能。在他们日常生活的各个领域，到处都可以见到龟甲遗存，残破的龟甲碎片夹杂在灰坑之中，很可能是饮食残余；硕大的花龟埋在房基之下，推测是奠基仪式的物证，而成组的龟甲陪葬在墓葬之内，应与龟灵信仰有着密切的关系。贾湖墓地349座墓葬中，随葬龟甲的有23座，合计90余副，经鉴定大多为黄缘闭壳龟。龟甲出土时，多扣合成完整的龟壳，龟壳边缘有钻孔，可能是用于穿绳以便固定。龟壳内大都藏有石子，大小和数量各不同。

| 舞阳贾湖遗址
出土龟甲器 |

这些龟甲被放置在人骨周围的不同位置，具体用途如何也众说纷纭，有甲囊、护臂、响器、巫医行医的工具、从事巫医占卜者身份的标志、占卜用具等多种推测，目前尚无定论。

与龟甲器共存的，还有叉形骨器和鸟肢骨制作的骨笛，其功能愈加扑朔迷离。但这些物品，绝非普通生产工具，而是作为巫术法器的可能性更大一些。

同时，随葬龟甲的墓葬，一般规模较大，伴出的其他随葬品数量也比较多，墓主多为老年男性。因此，有学者推断墓主人极有可能是沟通天地的巫师（巫医）兼酋长，凭借其对宗教祭祀的垄断，取得对氏族、部落事务的管理权，从而演变成为部族的显贵。

随着时代的推进，随葬龟甲的习俗逐渐向四周扩展。西到汉水上游，南到长江中下游，向北到黄河下游，甚至远在东北的燕辽地区，也都出现了以龟随葬的现象。龟灵崇拜在距今五六千年的海岱地区大汶口文化表现最为显著，大部分墓地中都有少量经过修整的龟甲器随葬，说明当时拥有龟甲器的人还是相对

|章丘焦家遗址大汶口文化随葬龟甲墓葬|

较少。龟甲器中除了盛放石子外，还出现装有骨锥和骨针的现象，可能是其功能有了进一步异化或延伸。再就是随葬龟甲的墓葬规格有所降低，在整个墓地中都不再居于显要位置，很可能暗示着当时巫师已经是专门的职业人员，而不再由氏族酋长兼任，专职巫师阶层的地位虽高于普通社会成员，但低于上层社会。

与实体龟甲日渐式微相反，在距今5000年前后，在淮河流域的凌家滩文化和辽河流域的红山文化的高等级墓葬中，均出现了为数不多，但精美异常的玉龟。

凌家滩遗址，位于安徽含山凌家滩村，是一处大型新石器时代晚期聚落。遗址区内发现有人工建造的祭坛、大型氏族墓地以及祭祀坑和积石圈等重要遗迹，出土了精美玉礼器、石器、陶器等珍贵文物。贵族墓M4出土有玉龟一件，由背甲和腹甲两部分组成。背甲圆弧

|凌家滩遗址出土的玉龟版|

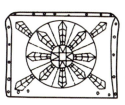 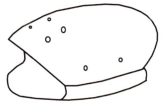

形，琢磨出背脊和背上龟纹，边缘钻孔以拴绳固定腹甲与背甲。中间夹有一块长方形玉版，上刻大小同心圆及八角星纹。

凌家滩出土的玉龟无论从外形上还是观念上都与大汶口文化龟甲器有着明显的传承关系，只是"龟腹石子"转变为"龟腹玉版"，寓意与功能上可能有所变化。玉版是方形的，上画圆形，被认为是天圆地方这种古老的宇宙观念的体现；八角形图案象征太阳，大圆内的八个圭纹象征八方社神。玉龟与玉版同出，也在一定程度上与各种纬书所说的"元龟衔符""元龟负书出""大龟负图"等神话相印证。

远在东北的红山文化，玉龟同样也扮演着沟通天地

| 红山文化玉殓葬 |

的角色。红山文化是距今五六千年前分布在燕辽地区的一支新石器文化。当时社会组织已经高度复杂化，并因出现大型祭坛、女神庙、积石冢、玉殓葬而闻名于世。在辽宁建平牛河梁遗址出土了一座积石冢的中心大墓，墓主为男性，头部两侧各置一玉璧，胸前佩戴勾云形玉佩和玉箍，右腕戴镯，双手各握一玉龟。

玉龟取代龟甲器，是祭祀用具的礼器化的体现，暗示着神权向王权的逐步转化。但灵龟沟通天地的职能，则通过龟甲占卜的方式流传下来。

2、商周时期的龟卜文化

商周时期是龟卜文化的鼎盛时期。以商王为首的贵族，逢事必卜，并把占卜事由记录下来契于龟甲或兽骨之上，这就是我们今天看到的甲骨文。

甲骨文的重新发现，还要从一则极富传奇色彩的小故事说起。甲骨文的发现者王懿荣（1845—1900）山东福山人，嗜好收藏古物，最后官至国子监祭酒（负责掌管朝廷最高学府）。1899年秋，王懿荣病中服药，发现药方中有一味叫作"龙骨"的药材上依稀有古文字的痕迹，而大大小小的龙骨拼到一起，竟然拼成了两三块龟版。金石学素养深厚的王懿荣，因此首次发现甲骨文，并将其断为商代。这一发现轰动中外学术界，把汉字的历史推到公元前1700多年的殷商时期，王懿荣也成为甲骨文研究的奠基人，客观上也避免了更多的珍贵史料被继续当作"药材"而被人为毁灭的厄运。

自甲骨文被鉴定为商代文物珍品后，昔日"每斤才值数钱"的"龙骨"身价倍增，一下子变成了每字值银"二两五钱"的古董。"龙骨"原产地的村民为谋厚利，争相私挖甲骨出售，从而引起学者们对这一地区的重视。

1908年，罗振玉查明甲骨文出土地为河南安阳小屯村。1928年，中国文物考古史上首次对殷墟进行科学发掘，此后经过数十年的系统发掘与研究，发现大量王陵遗址、宫殿宗庙遗址以及以甲骨文、青铜器为代表的丰富的文化遗存。其中获得刻字甲骨15万片左右，确立了殷墟作为中国历史上第一个有文献可考、并为考古学和甲骨文所证实的都城地位。

2017年，甲骨文顺利通过联合国教科文组织世界记忆工程国际咨询委员会的评审，成功入选《世界记忆名录》。

商代占卜用龟是地方向中央王朝进贡而来的，而且大多来自南方，即今福建、两广、海南、台湾地区。占卜过程，先是对甲骨进行整治，然后灼烧出兆，最后再刻辞记事。具体步骤如下：

首先是取材和攻治，即祭祀后将龟杀死，出肉留壳；第二步是削锯和磨刮，把龟壳从腹甲与背甲的连接处"甲桥"部分锯开，削去首尾凹凸部分，打磨使之平滑；第三步是钻凿与制作，在龟的背面人工凿刻出窭槽，圆形者称"钻"，枣核形者称"凿"，钻凿相连。钻凿位置以龟甲

| 商代甲骨及钻凿方式 |

 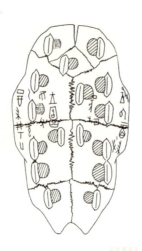

癸巳卜，㱿，
贞旬亡祸？
王占曰：有祟，其有来艰。
迄至五日丁酉，允有来艰自西，
沚馘告曰：
土方征于我东鄙，戋二邑；
工方亦侵我西鄙田。

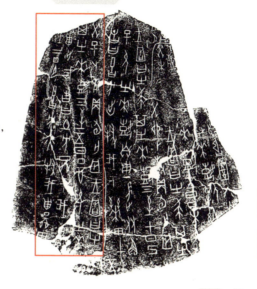

的中线（千里路）为轴，左右对称分布；第四步是灼烧出兆，用炭火灼烧钻处，甲骨受热不均而产生裂纹，称为"卜兆"，占卜的"卜"字即由此而来；最后一步是记录卜辞，即在甲骨上契刻有关占卜的各项内容。

一条完整的卜辞，包括叙辞、命辞、占辞、验辞四个部分的内容。叙辞，记录占卜时间和负责占卜的贞人；命辞，记录占卜询问的内容；占辞，记录占卜者观察卜兆后所做的判断；验辞是记录占卜是否应验的判断。

上图所示卜辞中，"癸巳卜，㱿"是叙辞。

"贞旬亡祸"，问在未来的十天之内有无灾祸，是命辞。

"王占曰：有祟，其有来艰"，即王看了卜兆后，判断可能有灾祸发生，为占辞。

"迄至五日丁酉，允有来艰自西。沚戛告曰：土方征于我东鄙，弌二邑；工方亦侵我西鄙田"。五天以后的丁酉日果然应验，西方发生了灾祸，沚戛来报告说，土方来侵掠东部边境，工方骚扰西部边境，这是验辞。

目前发现的甲骨文，有4500多个单字，已识别的约1500多个。从文字结构和造字方法看，已具备了象形、会意、形声、指事、转注、假借六种造字方法。这些甲骨文所记载的内容极为丰富，涉及商代社会生活的方方面面，天文、历法、气象、地理、方国、世系、家族、人物、职官、征伐、刑狱、农业、畜牧、田猎、交通、宗教、祭祀、疾病、生育、灾祸等，无所不包，是研究商代社会历史、文化、语言文字的极其珍贵的第一手资料。

西周时期，龟卜基本上还是为王室所垄断。当时宫廷里有专门的"龟人"来管理"天、地、东、西、南、北"六种宝龟。周原甲骨刻辞记述了周人有关祭祀、战事、与邻国交往等重要国事。但到了春秋战国时期，礼崩乐坏，诸侯国的国君、大夫甚至家臣也都用龟卜。不过，龟卜作为沟通人神关系媒介的功能逐渐被淡化，而成为完整祭祀礼仪的一个环节，如太子的诞生礼、王室的婚娶礼仪等，作为礼仪制度与政治制度的一部分而存在。

敬龟尊礼——等级制度的彰显

| 敬龟尊礼——等级制度的彰显 |

春秋时代，王权凋零，不过龟的形象仍是等级制度的主要标志之一。比如占卜用的龟壳尺寸大小，是与使用者的社会地位密切相关的。据《逸礼》记载，天子可以用龟一尺二寸，诸侯八寸，大夫六寸，士民用龟则只有四寸大小。纵使礼崩乐坏，龟仍与建筑、服饰、器用等一起被纳入了"礼"的规范体系，成为权力和地位的象征。龟纽印章，龟符佩饰，龟趺负碑，龟形墓志等等，都是中国古代权力系统中的象征物。

1、龟纽印章

印章又称为玺印，是行政机构行使职权和个人昭明信用的凭证。玺印在我国的使用可以上溯到商周时期，据传殷墟曾出土三枚铜玺。到战国时期，印章已大量使用。如《战国策》记载，苏秦合纵六国共同抗秦，曾佩六国相印。

早期玺印的材质不是很固定。虽以铜质为最多，也有用金、银、玉、石、土、木等材料的。因此"玺"起初并不是专以"玉"为偏旁，也有的作"土"，有的作"木"，后来常见用"金"旁，而且在当时，称"印"

称"玺"都可以，没有等级区别，所以东汉学者应劭的《汉官仪》说："玺，施也，信也。古来尊卑共之"。玺印上刻文字，背上端有雕饰，谓之纽。纽中间有孔，可以系绶带。当时印纽有鼻纽、瓦纽、覆斗纽、坛纽、拱（桥）纽、游纽、龟纽、狮纽等多种类型。

秦始皇统治期间，规定只有皇帝所用的玺印称玺，一般人只能称印。汉印基本承袭秦制，并进一步规范玺印制度，以玺印纽的形制作为区别官阶的表征，在印章质地、纽式印绶、形制大小和印文称谓等方面都有严格规定，体现着不同的等级。根据《汉官仪》记载，除皇帝外，有时太后、皇后、诸侯王及其王妃、王后的印亦可称玺，一般官印或私印则称"章"和"印"。具体规定如下：

皇帝六玺，皆曰玉螭虎纽。

皇后玉玺，文与帝同，金螭虎纽。

皇太子黄金印，龟纽，文曰"章"。

诸侯王印，黄金橐驼纽，文曰"玺"。

列侯，黄金印，龟纽，文曰"印"。

丞相、大将军，黄金印，龟纽，文曰"章"。

丞相、列侯、将军金印。中二千石、二千石银印，皆龟纽，其断狱者印为"章"。

御史二千石银印，龟纽，文曰"章"。

千石、六百石、四百石，铜印鼻纽，文曰"印"。

二百石以上皆为通官印。

按《汉官仪》中的解释，臣子印使用龟纽，是由于"龟者阴物，抱甲负文、随时蛰藏，以示臣道，功成而退也"。因此"龟纽"遂成为官禄的标志，罢官又称为"解龟"，并为后世沿用，如东晋《文选·谢灵运·初去郡》诗云："恭承古人意，促装返柴荆。牵丝及元兴，解龟在景平"。

从历年各地考古发掘资料来看，与上述制度基本上是相符的。

西汉时期龟纽一般龟身较平，颈部微缩不伸出；东汉后期龟首稍微变大，背部隆起如弓，龟甲圆滑，甲上排有小圆环纹和长六棱形环套甲纹。

目前发现级别最高的龟纽金印是广州西汉南越王墓"泰子"（即太子）印，边长2.6厘米。同墓还发现夫人用印五枚，均为龟纽。其中"右夫人玺"为金印，其余为鎏金铜印。汉代礼制以右为尊，夫人则是皇帝和诸侯王妃妾的称号，说明右夫人是诸妃之首。

诸侯王龟纽金玺，发现于东汉广陵王刘荆墓。刘荆为东汉光武帝刘秀的第九子，印文阴刻篆书"广陵王玺"四字。

列侯黄金印出土较多。

| 东汉广陵王玺金印 |

山东博物馆即收藏有关中侯、关内侯龟纽金印各一枚。这类爵号没有采邑可以收纳租税，只是一种荣誉称号，因此获得封号的人比较多，各地也常出土。

龟纽银印，见于徐州陶楼蟠桃山刘顺墓，墓主为楚王宗室的成员。印面约2厘米见方，凿制"君侯之印"四字阴刻篆文。汉代史书中"君侯"多为列侯之尊称，因此刘顺的身份也可能是列侯。

二千石龟纽银印也见于徐州地区。狮子山楚王陵曾出一批武官印，其中一枚为"楚都尉印"。据《汉书百官公卿表》可知，汉初都尉的秩级为比二千石，此印也合乎汉代官制。

龟纽铜印一般是地位低

| 东汉左万铜印 |

的官员或私人使用。有的印文在姓名之后加刻一"印"字，谓某某印或某某之印。如北京怀柔汉墓曾出长方形铜印一枚，印文为"尹遂昌印"四字。还有的直书名字，如台北故宫博物院藏东汉"左万"印。

魏晋南北朝时期，玺印制度基本沿袭汉代。但龟纽造型略有变化，头部呈明显的锥形，粗长且向外昂伸，

| 平东将军章 |

有的甚至伸出印体之外。四脚站立，腹下空间较大，背部一般刻少许甲纹，更多的是刻几条斜线作为象征。如国家博物馆藏三国魏平东将军章，即为二品武官之印。

同时期的魏兴太守章，

则为鎏金铜印，印面铸篆体印文"魏兴太守章"五字，现藏于台北故宫博物院。

唐代随着印面和印体的增大，印章多存放在官邸衙门，为使用方便，改印纽为柄。北宋追随唐制，对印面大小作了详细的规定，但未对印纽作过多的约束。龟纽作为私印的一种，只被少数书法名家、名士使用，形制

| 南宋至元"机息"玉印 |

| 魏兴太守章 |

复古如汉印。如台北故宫博物院藏南宋至元年间龟纽玉印，印面白文"机息"二字。

元代，由于龟崇拜现象被破坏，龟纽作为印章制度的一部分也被其他方式取代了。

到明代，兽纽印章又有重新复燃之势。皇帝玺用龙纽，其余皇族所授宝、印，用龟纽以示皇恩之长久。如山东邹县鲁荒王朱檀（朱元璋第十子）墓出土的"鲁王之宝"，即为木质贴金，龟纽，龟背圆隆，印面刻"鲁王之宝"四字阳文篆书。

2、龟符

自古以来，服饰一直是表现着装者身份等级的重要手段之一。周秦两汉期间，多采用佩玉、持圭的方式表示职官等级的高低。隋朝建立后，改佩玉为佩鱼。起初

| 鲁荒王"鲁王之宝" |

采用木鱼符，后来改为铜鱼符，京官五品以上佩带。唐代对佩鱼制度不断加以完善。首先明确了各个等级的鱼符材质，"亲王以金，庶官以铜，皆题其位、姓名"，并规定官员死亡，随身鱼并不须追收。再者是给鱼符赐以鱼袋，"五品以上改赐新鱼袋并饰以银。三品以上各赐金袋、刀子、砺石一"。唐睿宗年间，佩鱼不再是京官独特的"褒饰"，而是惠泽至地方官员，"诸州都督、刺史，并准京官带鱼袋"。武则天执政期间，对这一制度又进行了改革，"武姓也，玄武，龟也，又以铜为龟符"，命令内外官员所佩鱼符改为龟符，鱼袋为龟袋。龟袋上的装饰方式也做了相应的调整，规定三品以上龟袋用金

饰，四品用银饰，五品用铜饰。到中宗李显复辟恢复了大唐国号，罢龟袋复给以鱼。由于龟符制度实施时间较短，因此龟符实物留存较少，出土地点也多为焉耆、碎叶故城等边远地区，"石沙陁龟符"可为一例。又因唐代官员的服饰制度规定"三品以上服紫，四品五品以上服绯"，即佩金龟者必着紫服，因此"龟紫"也成为唐宋时贵官服饰的代名词。

尽管龟符是武则天时期特有的文物，实际使用时间并不长久，但"金龟"却成为高贵富裕的标志，一直流传下来。比如"金龟婿"，即喻身份高贵的女婿。这个美称出自唐代诗人李商隐的《为有》诗："为有云屏无限娇，凤城寒尽怕春宵。无

端嫁得金龟婿,辜负香衾事早朝"。诗中描写了一位贵族女子在冬去春来、乍暖还寒之时,埋怨身居高官的丈夫因为要赴早朝而辜负了一刻千金的春宵。后世"金龟婿"一直代指身份高贵且富甲一方的女婿。

另一则是关于著名诗人李白与贺知章相互倾慕、"金龟换酒"的故事。李白初至京师,贺知章慕名而访,请李白对酒共饮。但不巧的是,这一天贺知章没带酒钱,于是便毫不犹豫地解下佩带的金龟换酒,与李白开怀畅饮,一醉方休。贺知章去世之后,李白悼念不已,赋诗"昔好杯中物,翻为松下尘。金龟换酒处,却忆泪沾巾"。

3、龟趺

与服饰制度相类似,碑碣制度也是体现社会等级秩序的一项鲜明指征。依据《说文解字》称,碑最初的含义是"竖石",其起源目前可以上溯到春秋时期。当时碑的功能有三种,一是立在宫门前"识日景,引阴阳",类似于日晷的作用;二是宗庙院内拴祭祀牲畜的石柱,这两种碑统称庙碑,后用来刻石、纪功、颂德;第三种就是墓碑,王公贵族殡葬时,因墓穴很深,棺木要用辘轳系绳缓缓地放下去,碑就是用来装辘轳的支架。直到汉代,墓碑上仍然留有穿孔,便认为是下棺用的。碑的底下一般需要有一座子承托稳固,如同人的脚一样。人脚背又称为趺,所以后人称碑

下的座子为"碑趺"。一通
完整的石碑一般由碑首、碑
身、碑座三个独立部分构成。
碑座一般呈长方形或龟形，
以龟为趺，也是对龟的神异
功能的秉承与延伸。

目前的考古资料表明，
东汉晚期即已产生龟趺。山
东平度出土的王舍人碑（光
和六年，公元 183 年），
趺座部分是一只完整清楚的
石龟。

魏晋以后，龟趺逐渐成
为普遍的形制。南朝帝陵和
贵族墓前，大多发现有龟趺
碑。如梁武帝萧衍六弟萧宏
墓，尚存石碑两座，东石碑
已佚，仅存龟趺；西石碑完
好，碑身北侧上下刻一列神
怪、羽人、朱雀、青龙等八图，
周有卷草纹，形态豪放飞动
而华美，亦是碑刻浮雕中的

｜明弘治十年重
修神通寺记碑｜

精品。

隋唐时期，碑碣制度发
展成熟。《唐六典》卷四载
碑碣之制说："五品以上立
碑，螭首龟趺，趺上高不过
九尺。"现存于陕西高陵文
化馆的《李晟碑》、唐惠陵
的代国长公主碑、郧国长公
主碑等均为龟趺座。

宋代碑碣制度基本沿用
唐代，碑座仍称龟趺。《营

造法式》明确记载了关于"赑屃鳌坐碑"的制度，赑屃是对碑首盘龙形象的称谓，鳌坐即是龟趺。明代石碑也大多依旧保持着螭首龟趺的形制。如济南明弘治十年重修神通寺记碑，下有赑屃碑趺，有双螭龙碑额，碑额中间有圭形额面。

由于赑屃与鳌共存，且皆为巨力的象征，因此民间产生"雌鳌为赑"的说法。明代文人又受民间俗语影响，将"赑屃""霸下""叭蝮"相混淆，以讹传讹，衍生出"龙生九子"说法，认为"一曰赑屃，形似龟，好负重，今石碑下龟趺是也"。龟趺之名，逐步让位于"赑屃"，龟的形象也由自然转为神异。

纵观历代龟趺形象，

｜济南孝文化博物馆龟趺｜

宋代碑刻，龟的形象基本保持自然形貌，龟颈长伸，形体舒展，腹背有甲。金代的龟头部有所变化，长颈缩短，双耳外翻，眉弓高隆。元明清三代更是逐步向"龙"的方向靠拢，头披长发，面长髯须，俨然是龙的九子之一。

4、龟形墓志

墓志指放在墓里的、刻有死者生平事迹的石刻。一般分上下两层，上层称为"盖"，下层称为"底"，底部刻有墓志铭，盖上刻有标题。龟形墓志最早见于北魏，隋唐时期偶有发现，但总体存量较少。但这几位墓主人都身份显赫，或者出身皇族，或者为朝廷官员。其中北魏《元显儁墓志》，墓主为景穆皇帝之曾孙。墓志通高35厘米、长75厘米、

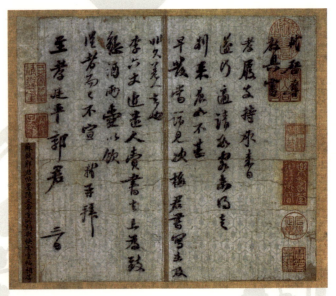

| ［宋］苏轼《致至孝廷平郭君尺牍》 |

宽 56.5 厘米。上面为志盖，用阴线刻满龟甲纹样，中央阴刻正书"魏故处士元君墓志"八个字。下面镌刻着正书志文，共三百五十七字。志盖和志文上下相合，构成一个石龟，首、尾、四足毕具。把墓志制成象征长寿的龟形，也有祈求墓主在九泉之下得其永年。

到了后世，龟形图案在丧葬礼俗中仍有体现。比如宋代苏轼写给同僚郭延平的《致至孝廷平郭君尺牍》，即书于精美的龟甲纹砑花笺上，笺上满饰六角形龟甲纹，每个龟甲文中皆有一只小乌龟。这类纹饰本身的含义功能，在当时应是切合礼节的。

祀龟获佑——从北宫玄武到真武大帝

| 祀龟获佑——从北宫玄武到真武大帝 |

上古时期，天文学家为便于观察研究日月星辰的运行规律，把天空中可见的星辰划分成二十八组，叫作二十八宿，又根据东、西、南、北四个方位星宿排列的形状，想象出四种灵物来对应四方天象，简称为"四神"，即东方苍龙七宿：角、亢、氐、房、心、尾、箕；西方白虎七宿：奎、娄、胃、昴、毕、觜、参；南方朱雀七宿：井、鬼、柳、星、张、翼、轸；北方玄武七宿：斗、牛、女、虚、危、室、壁。其中北方玄武，是龟蛇的形象。

四神观念产生的具体过程尚待考证，但传世文献和

| 二十八宿星示意图 |

考古资料表明，战国时期，人们已熟悉了四象在天空的方位，天文学家用以正四时，舆地家用以辨九州，军事家用以定方向。如《礼记》卷三《曲礼上》云："行，前朱鸟而后玄武，左青龙而右白虎，招摇在上。"汉代郑玄解释道："以此四兽为军阵，象天也。"《吴子·治兵第三》讲到三军进止时

说："必左青龙，右白虎，前朱雀，后玄武，招摇在上，从事在下。"

汉代的四神观念，同时表示方位、季节和颜色多种含义。既标志着东、西、南、北，左、右、上、下的方位，又代表着春、夏、秋、冬四季，还象征着青、白、赤、黑四色，已成为人们普遍接受的思想体系。青龙的方位是东，代表春季；白虎的方位是西，代表秋季；朱雀的方位是南，代表夏季；玄武的方位是北，代表冬季。曹操之子曹植的《神龟赋》记曰："嘉四灵之建德，各潜位于一方，苍龙虬于东岳，白虎啸于西岗，玄武集于寒门，朱雀栖于南方"，就是对四神的生动描写。

四神纹在汉唐时期应用极为广泛，大自宫廷建筑、陵墓石刻，小至日用器皿如铜镜、手镯、漆器等，各种装饰上都时有出现。

1、建筑上的玄武

玄武既为北方，古代都城或宫殿的北门便多以玄武命名。历史上比较著名的玄武门有三座。首先是唐朝首都长安城太极宫的北宫门，称为玄武门，李世民曾在此发动了玄武门之变，夺取太子之位。第二座是明朝初年首都南京城皇宫紫禁城（南京故宫）的北宫门——玄武门，该门的北面即是著名的玄武湖。第三座是明朝、清朝首都北京城皇宫紫禁城（北京故宫）的北宫门——玄武门，清朝为避康熙帝玄烨的名讳，改称神武门。

| 玄武瓦当 |

建筑部件则主要表现为四神瓦当，用于宫殿和礼制建筑，既表达着帝王宫殿为天下四方之中心，又表达"四神镇四方"的旨意，以四神来显示对四方的统治权，将方位、时间和社会都纳入一个统一的空间图式，秘而不宣地传达着极其丰富的宇宙观，同时也彰显着中央王朝君主的威严。

2、汉唐墓葬中的玄武

汉唐墓葬中，墓室、棺或墓志上常刻画或书写龙

| 陕西榆林绥德县出土的东汉四神墓门画像石 |

虎、龟蛇、朱雀，以便护卫墓主灵魂入地升天。玄武与羽人、蟾蜍、瑞草相组合的图像偶尔见到，可能承载着更加丰富的寓意和功能。如陕北地区多见门柱底部，也可能是象征着冥界的地下空间。四神组合是最为常见的，汉代画像石上玄武多伴有羽人神兽，造型一般为龟蛇同向，长颈伸首，蛇首稍作回首相对。如陕西榆林绥德县出土的东汉四神墓门画像石所示。

魏晋南北朝时期，四神信仰更为流行。高昌墓葬的随葬衣物疏中也常有"左青龙、右白虎、前朱雀、后玄武"之类的句子。唐代墓葬中的四神，则多刻绘在墓室四壁、石棺或墓志之上。玄武图案表现为龟首向后上仰，蛇亦回旋缠绕，双首相对于龟背上方。

与玄武伴存的，还多见十二生肖、天象图等，这种视觉印象式的天象图和序列化的十二生肖俑的大量使

| 唐墓玄武壁画砖 |

用，表明唐人所模拟的宇宙模式具有求实精神和理性化的追求。

3、汉唐铜镜上的玄武

铜镜的功能主要是日常梳妆整容，后来逐步被赋予清正廉洁、驱邪照妖、爱情圆满等精神内涵和功用。汉代铜镜中，以青龙、白虎、朱雀、玄武四神为中心的瑞禽兽鸟是铜镜的主题纹饰，其中最为精美的莫过于四神规矩镜。如陕西历史博物馆所藏的四神规矩镜，镜背中心为圆纽，柿蒂纹纽座。纽座外有三重内凹槽式方框，四面中部各向外伸出一个双线"T"形符号，与四方双线"L"形符号相对，四角则是双线"V"形符号，期间饰以四神，角隅处填鸟兽

羽人，纹样精细规整。纽座外的方框代表着大地，线"L"形与双"T"形符号是本意是木工角尺，称为"矩"，"V"形符号本意是画圆工具"规"，因此这类铜镜又被称为"规矩镜"。四方由四个神灵守护，充分体现了

|四神规矩镜|

|四神八卦十二生肖镜|

中国传统文化中天圆地方、自己置身宇宙中央的思维。

隋唐时期四神镜打破了圆、方的模式，除四神组合外，还配以八卦、十二生肖之类的图案，布局清晰明朗，但求均衡，不求对称。同时多采用高浮雕技法，形式自由活泼。

4、玄武将军到真武大帝

中古以来，随着阴阳五行学说的流行，玄武由北宫玄武逐步上升到玄武将军、真武真君、玄天上帝，其神格地位也经历了低到高、从物到人的演变过程。

在道教兴起之前，北宫玄武只是"北帝颛顼"的从神。道教产生之初，玄武常与青龙、白虎、朱雀一起作为道教的护法神，以壮威仪。

唐宋时期，北宫玄武被人形化，成为道教信奉的中天北极紫微大帝（简称北帝）属下四将之一，号称玄武将军。北宋大中祥符年间，为避宋室圣祖赵玄朗讳，始改"玄武将军"为"真武将军"。《事物纪原》中有一则关于醴泉观的传说，说是"天禧元年，营卒有见龟蛇者，军士因建真武堂。二年闰四月，泉涌堂侧，汲不竭，民疾疫者，饮之多愈。乃招就其地建观，十月观成，名曰祥源。"据《宋东京考》记载：祥源观总殿庑、神厨、钟经楼、斋堂、道院、厩舍，凡六百一十三区。其正殿曰灵真，以奉真武像，加号灵慈真君。绘其像为北方之神，披发黑衣，仗剑蹈龟蛇，从者持黑旗。宋真宗加封真武号为"真武灵应真君",宋仁宗更是推崇真武为"社稷家神",并建真武庙塑像崇祀,也因此煽起了民间奉祀真武的狂热。

北宋期间,宣扬真武真君来历、生平、职司、特征、灵验的道经在社会上广泛流传,演绎出一段新的神话,"真武生为净乐国王子,神灵勇猛,惟务修行,入武当山修行四十二年,功成飞升,玉帝闻其勇猛,救镇北方,以断天下妖魔。后奉元始天尊勒命,披发跳足,踏腾蛇八卦神龟,部领天兵神将,齐到下方,收断天下妖魔",更有传说认为龟蛇二将是真武降伏的妖魔所化,因此常踏于足下。

到了元代,真武真君作为独立的北方大神在民

| 玄武将军像 |

众中的影响进一步扩大。元成宗大德七年下圣旨救封真武为"玄天元圣仁威上帝",龟蛇则化身为玄帝部下水火二将。

明朝初期,朱元璋的

| 真武大帝像 |

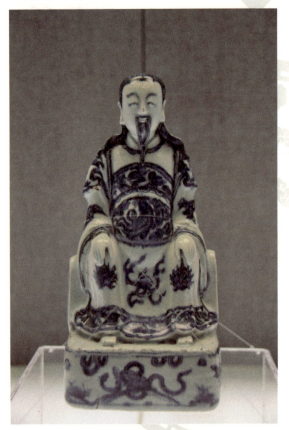

四子燕王朱棣发动"靖难之变",夺取了王位。传说在燕王的整个行动中,真武大帝都曾显灵相助,因此朱棣登基后,即下诏特封真武为"北极镇天真武玄天上帝",

并大规模地修建武当山的宫观庙堂,建成八宫二观、三十六庵堂、七十二岩庙、三十九桥、十二亭的庞大道教建筑群,使武当山成为举世闻名的道教圣地,并在天柱峰顶修建"金殿",奉"真武玄天上帝",各主要宫观大殿也均奉祀玄帝,三清四御则供奉于小宫观中。因帝王的大力提倡,真武大帝的信仰在明代达到了鼎盛阶段,宫廷内和民间普遍修建了大量的真武庙。凡是真武大帝像的殿堂,也大多有龟蛇缠绕的雕塑或壁画,不过龟蛇形象已退居次要地位,成为玄(真)武大帝的一项标志而已。

慕龟祈寿——龟鹤延年的期盼

| 慕龟祈寿——龟鹤延年的期盼 |

《尚书·洪范》篇曾提到古代中国民间关于幸福观的五项准则"五福：一曰寿，二曰富，三曰康宁，四曰攸好德，五曰考终命。"简单说来，就是"长寿、富贵、康宁、好德和善终"。对于龟的寓求，几乎可以涵盖了上述全部内容。居于"五福"之首的"长寿"，是上自天子王侯、下至黎民百姓最为渴慕的现世需求。因此追求长生不老作为一种心理趋向，自然融入龟灵信仰中，并渗透扩展到日常饮食起居的各个领域。以龟为主线的造型艺术，出现于佩饰、器用、建筑、交通、墓葬等方面，构成民间祈禳活动的一个重要组成部分。

在汉文化语境中，人们认为龟与鹤同是长寿的象征，常以"龟龄鹤寿""龟年鹤寿""龟龄鹤算""龟鹤遐寿""龟鹤齐龄"等吉祥语来比喻长寿。在古人诗文中，也不乏此类佳句，如三国曹操曹植父子，曾分别作有《龟虽寿》《神龟赋》；唐人白居易诗《效陶潜体》中有"松柏与龟鹤，其寿皆千年"等句。龟鹤图案也成为历代寿文化的主要母题，无论是皇家的殿宇、雅士的厅堂、闺阁的镜妆，还是筵席的筹令、文人的书斋，甚至在僧侣的佛塔中，也处处可见龟、鹤元素造型的器具，并在传承与发展过程中不断纳奇创新，融入新的文化元素，显示出中国龟文化的整合功能。

1、神龟负鸟——灯具香熏

龟鹤相伴出现，应是远古时代的龟鸟组合的延续。

在新石器时代的中国东部，贾湖遗址中龟甲器与鹤骨笛共存，红山文化中玉龟与玉枭伴出。东部沿海地区，鸟与太阳几乎拥有对等的关系，龟则象征长寿、北方与冥界，因此，鸟与龟组合，寓意相当广博。秦汉时期，神龟负鸟的造型逐渐流行开来。著名的长沙马王堆一号汉墓出土的T字形帛画，就有神龟负鸟的图案。

在帛画的左右下角，有对称的两只大龟，龟的背上蹲着鸥鸟，龟鸟的中间有两尾大鱼，显示这是地下水世界，与T字形帛画上端的象征天界的日中金乌，月中蟾蜍相对。

神龟负鸟的立体形象，则多出现在熏炉或灯台上。济南市考古研究所收藏的铜

| 铜龟凤熏炉 |

中有记载："卢象海中博山，下有盘贮汤，使润气蒸香以，象海之回环。"

当时流行较广的神龟凤鸟灯（也有人称朱雀踏龟灯），与此造型极为相似，只是鸟首所承的，是一个硕大的浅盘而已。在这类器具中，龟通常位于下方底座位置，如日照海曲汉墓铜灯，龟头部向上昂起，口微张，鼻孔清晰，双目圆睁炯炯，面部神态平和有趣；脖粗长，四足撑地，呈站立状，固若

龟凤熏炉，即是一典型范例。这件熏炉炉体本为豆形，其上有盖，呈重叠的山峦形，奇峰林立，飞禽走兽栖息于期间，象征传说中的海上仙山——博山（汉代盛传海上有蓬莱、博山、瀛洲三座仙山）。北宋吕大临《考古图》

| 日照海曲汉墓铜灯 |

| 海宴河清烛台 |

磐石；神龟负重之余，还符合龟属水神的特征；凤鸟本属南方之神，南方为火，以凤鸟为灯柱，头顶灯盏或熏炉，也有取其灯火长明之意。

这类造型一直到清代仍有延续。如台北故宫博物院藏乾隆年间铜胎珐琅烛台，基座为一圆盘，三云纹扁足，盘外壁蓝地，饰红色莲瓣纹。

| 太和殿铜龟 |

盘内为一深浮雕龟及二蛇，内壁作掐丝海水江牙，龟背立一立体展翅白鹤，头顶一烛台。这款灯有一个非常吉祥的名字，"海宴河清"烛台，寓意国内安定，天下太平。

在宫廷陈设方面，龟鹤造型往往呈现出独立存在的形象。比如北京太和殿前月台上摆的铜龟、铜鹤。这些龟和鹤都是空心的，每当太和殿举行大典时，在龟、鹤腹中燃点香料，烟雾自龟鹤的嘴中吐出，缭绕于大殿之中，平添了些许神圣色彩。而且，这里的铜龟形象是龙首飘髯，长颈披甲，呈现出趾高气扬，意气风发的帝王气势。祭祀、大典关乎着国运兴衰，江山社稷之安危，立龟鹤于此，也有期盼江山永固之意。

2、伏龟飞鹤——闺阁镜妆

名副其实的龟鹤组合，在唐代铜镜上广为流行，并自铭为"龟鹤"。湖北京山县孙桥镇出土一面唐代铜镜，龟纽，纽外饰浮雕式仙鹤四只，分别作展翅、觅食等姿态，栩栩如生。鹤外为铭带，铭文左旋，句首与结尾间隔以梅花点。文为"伏龟飞鹤，□往风来。隐间明照，宫光洞开。同物永影，所鉴俱回。既摘宝奁，何须

伏龟飞鹤镜

|真子飞霜镜|

玉台？"

　　铜镜上的龟鹤组合，更多地体现在真子飞霜镜上。真子飞霜镜是唐镜中多见的题材之一，形制有菱花、葵花形两种。这种铜镜的构图，以纽为中心，上下左右分为四个区域。纽上方饰祥云托月纹，下方饰池水山石，自池中生出一枝莲叶，即为纽座，座上一龟，是为镜纽。左侧一人峨冠博带，坐而抚琴，前设香案，后依竹林。右侧一鹤，或栖于石上，或舞于树下。有的铜镜会在云下田字格中铭"真子飞霜"四字，因此这类题材习称"真子飞霜镜"。

　　古代民间有一种习俗，女儿出嫁都要陪送一面饰有龟图案的铜镜，祝福新婚夫妇吉祥如意、永固和早生贵（龟）子。

　　伏龟纽还多见于月宫菱

|月宫大吉镜|

|仙人龟鹤齐寿镜|

花镜。如台北故宫博物院藏月宫大吉镜，镜为八瓣菱花形。背面是一幅月宫图。纽右上方饰一株桂树，枝繁叶茂；左上方嫦娥身姿飘逸，一手托盘，一手擎有"大吉"二字铭文的方牌。镜纽下方有一潭池水，左侧玉兔正持杵捣药，池水右边为一跳跃的蟾蜍。镜边缘饰蝴蝶、花朵及云纹。

宋代基本秉承唐风，但"真子飞霜"铜镜上的纹饰组合出现了分化现象，一方面，铜镜上继续沿用仙人龟鹤的主题，只是仙人较为彰显，而龟鹤只偏于一隅，加入松、竹、灵芝等元素，形成"仙人龟鹤齐寿镜"。

3、龟游荷叶——金盏玉杯

龟游荷叶的典故，应是取自《史记·龟策列传》"龟千岁乃游莲叶之上"的传说。《宋书·祥瑞志》又将其赋予歌颂皇帝"德泽湛清"的含义。唐代后期，"真子飞

| 唐代莲叶伏龟金盘 |

| 龟游荷叶玉杯 |

霜"铜镜上的龟游荷叶图案被抽取出来，独立形成一种相当普遍的吉祥题材，广泛用于金银器、瓷器、玉雕之上。李白《姑孰十咏之丹阳湖》诗中即有"龟游莲叶上，鸟宿芦花里"的名句。

目前存世的一件晚唐莲叶伏龟金盘，盘作莲六瓣花口，盘底中心是一朵珍珠状弧形花边十二等分组成的圆形花卉，其上一凸起的乌龟静静地伏于盘底，龟颈前伸，四足分开，静中寓动，生机盎然。

宋代秉承唐风，并且出现了龟游荷叶题材的玉雕，寄寓了特定的表达祝寿之祈愿。如南宋洪适有一首《生查子》题为"姚母寿席，以龟游莲叶杯酌酒"，词曰"碧涧有神龟，千岁游莲叶。七十古来稀，寿母杯频接"。由此可见宋人有特别以龟游莲叶杯敬酒祝寿，寓意寿吉。

4、龟负论语——酒令筹筒

大唐盛世，处处笙歌。奢华而豪放的唐人，好酒，又尚金银，盛席华筵之上，"金樽清酒斗十千"，觥筹交错之际，自然也少不了神龟来助兴。江苏省丹徒丁卯桥唐代银器窖藏，曾出土一件鎏金龟负"论语玉烛"银器，便是唐人饮酒时盛放酒令的筹筒。该筹筒通体银质，花纹鎏金。银龟昂首曲尾，作匍匐之态，背部隆起，负双层莲花座，上承圆柱形筹筒，筒身正面錾一开窗式双线长方框，方框内刻"论语玉烛"四字，周围刻有龙凤、飞鸟图案。筒盖呈卷边荷叶形，上有葫芦形纽，盖面刻鸿雁及卷草等花纹。筒内有鎏金酒令银筹50枚，这些酒令筹的形制大小相同，均为长方形，切角边，下端收拢为细柄状。每枚酒令筹的正面刻有行酒令的令辞，令

| 龟负"论语玉烛"银筹筒 |

辞上半段采自《论语》语句，下半段是酒令的具体内容，包括"自饮（酌）""伴饮""劝饮""处（罚）""放（皆不饮）""指定人饮"六种，分别规定了六种饮酒的情况。神龟负烛，暗含着道教的意旨，莲花纹饰具有佛教的含义，《论语》摘句则是儒家的经典，龟负"论语玉烛"银筹筒将佛、道、儒合

为一体，讲述了唐人的风流潇洒，记录了唐人的文采风华，更反映了泱泱大唐兼容并蓄的宏大气魄。

5、龟腹藏茗——佛塔茶具

晚唐之际，皇室尚佛。唐僖宗曾向西安法门寺供奉了一批茶具，时至1987年因法门寺地宫的考古发掘而重新面世。茶具中有茶碾、茶罗、茶坛、盐台、茶笼、茶匙等。其中一件鎏金银龟盒惹人注目。整器作龟形，昂首曲尾，四足内缩在地。龟背甲为盖，首、腹及四足中空。因唐代饮茶，先要将饼茶经炙、碾成细末，再过罗筛分后方可煎茶，因此推测这件银龟茶盒的功用应是贮放碾碎的饼茶细末的。取茶时，既可揭盖舀取，也可从龟口中倒出，十分方便。唐皇室选用鎏金银龟盒贮茶，既显示了皇室的高贵富丽气魄，又显露了帝王祈求长生不老的心态。

| 法门寺鎏金银龟盒 |

当时向佛寺供奉茶具，尤其是"龟"形茶具，很可能是信徒惯例，只是岁月流逝，王朝更替，寺院倾圮，能够流传下来的，所剩无几。到了宋代，已是罕见之物了。然而幸运的是，有一件唐代铜龟子，曾经辗转于宋代大文豪苏轼之手。苏东坡的作品中有一则《舍铜龟子文》，记述了他收藏复又捐献铜龟子的一段往事。其全文云："苏州报恩寺重造古塔，诸公皆舍所藏舍利。予无舍利可舍，独舍盛舍利者，敬为四恩三有舍之。故人王颐为武功宰，长安有修古塔者，发旧葬，得之以遗予，予以藏私印。成坏者有形之所不免，而以藏舍利则可久存，藏私印或以速坏。贵舍利而贱私印，乐久存而悲速坏，物岂有是哉。予其并舍之。"在这篇小短文里，苏轼明确提到铜龟子的来历，是修建唐长安城古塔时得到的。这枚龟子的原初功能，应与法门寺地宫鎏金银龟盒相似。

｜济南市博物馆藏陶龟砚｜

苏轼将其捐赠给寺院，也算物归原主了。

6、龟砚、龟滴——文房用具

文房即古人的书房，一般都备有笔、墨、纸、砚四种必要的书写物品，称之为"文房四宝"。此外，还有一些与之配套的其他器具，如笔挂、笔搁、笔洗、砚滴、镇纸等等，也是组成文具家族中必不可少的一员。与历代尚龟习俗相应，文具中也有不少龟的造型，其中最为常见且历久弥新的是龟砚与龟滴。

（1）龟砚

龟砚，顾名思义，即龟形砚台。据目前资料来看，汉代早期就已出现以龟造型的砚台，材质有青铜、石质和陶质等。陕西定边县文管会收藏的一方彩绘龟形石质砚台，砚体大致近圆形，缩头伸尾，四足粗矮，用黑红两色描绘出龟的眼睛、四脚和尾巴纹饰，造型古拙，似

上海松江博物馆藏花梨木龟形砚

呈缓慢拍形状。池面中间稍凹，其上还保留着一块圆饼形的砾石。

唐代龟砚多为陶质，分盖和身两部分（盖或有遗失），盖上刻龟背纹，造型写实而生动。砚池形制有隔梁式和淌池式两大类。隔梁式砚身凹陷，在近头部的三分之一处设置弧形隔梁，分出墨池和砚堂。龟首或直视、或侧窥、或回首，四肢作匍匐状。如上海博物馆藏陶龟砚，盖上阴刻龟背纹，砚身近头部有一隔梁，隔梁呈长弧状，分隔出的墨池为新月形。淌池式龟砚，砚形与带墨池的龟砚相似，只是没有分出墨池和砚堂的隔梁。如济南市博物馆收藏一件唐代龟形四足陶砚，龟引颈回首，四足直立，上有阴刻的弦纹

装饰，情态生动。

明代的龟砚，造型较为张扬写意。如上海松江博物馆藏花梨木龟形砚，昂首，长颈，侧目，张口，背部高隆，雕饰莲瓣纹，四足屈折，雕饰鳞片，与当时龟趺造型有同步发展的态势。

（2）龟滴

龟滴，原名为砚滴，又称水注，用来注水入砚台。主要造型多为动植物形，动物形状如麒麟、蟾蜍、天禄、鱼、龟、天鸡、狮、象等，植物形状如瓜形、桃形等，器形秀巧，造型各异，有瓷质和铜质两类。龟形主要流行于汉晋时期，西晋著名文学家傅玄《水龟铭》云："铸兹灵龟，体象自然。含源味水，有似清泉。润彼元墨，染此柔翰。申情写意，经纬

| 镇江博物馆藏三国吴龟滴 |

群言。"如河南孟津县马村晋墓铜龟滴，玄武形，昂首垂尾，口衔一耳杯，背上盘踞一蛇，背中部有一筒状孔，同内腹相通，内腹有一孔与龟嘴相通，龟甲右侧有一插笔孔。

镇江博物馆藏三国吴龟滴则是四足缩于龟壳内，颈部划螺旋纹，背部划水波纹饰。

唐宋以后龟滴虽不再是主流，但龟形水器还是偶有发现。如山东济宁就曾出土过一件辽代三彩龟形水壶，背部微隆，覆盖龟壳，平腹，左右两边附有四个扁形足。龟首前伸上昂，张口，两目圆睁，作捕食状，龟口为壶的开口处。龟壶的肩部有两个扁形穿鼻，龟尾附半圆形圈足，圈足两边有系绳穿孔，因此这个壶既能立起也能平放，既能背也能挂。

明龟明志
——以龟为名的人名、地名、书名

| 明龟明志——以龟为名的人名、地名、书名 |

数千年来，尽管"龟"文化经历了从神坛走向寻常百姓家的过程，但远自春秋时期，近至唐宋，上自天子，下至平民，对于"龟"还是尊崇有加的。历代都有以"龟"命名的人名，各地也常见以"龟"命名的地名，文献中也不乏以"龟"命名的书籍。

1、姓名中含有龟字的名人

人名字中含有"龟"字，较早的记载见于春秋时期。比较著名的有宋文公的儿子公子围龟，字子灵，取龟为沟通天地的灵物之意。他的后代以公子围龟的表字"灵"为氏，因此公子围龟被奉为灵姓始祖。当时还有楚国大夫，名斗韦龟，其父斗弃疾，其子斗成然，都是楚国重臣。东汉著名边关将领陈龟，字叔珍，取龟为奇珍异宝之意。陈龟历任五原郡太守、京兆尹、度辽将军。

到了唐代，崇龟文化盛极一时，以龟为名的更是屡见不鲜。比如知名度最高的"李龟年"就有三位：一位是唐太宗的十四子，李明，字龟年，封曹王；另一位是曾任京兆司户参军的李龟年；第三位则是凭借著名诗人杜甫的七绝《江南逢李龟年》而名传千古的宫廷乐师李龟年。唐玄宗喜爱音乐，宫中养了大批乐师。李龟年及其兄弟李彭年、李鹤年三人都极具艺术天分，李彭年善舞，李龟年、李鹤年则善歌，李龟年还擅吹筚篥，擅奏羯鼓，也长于作曲等。他们创作的《渭川曲》特别受到唐玄宗的赏识。由于他们演艺出众，经常被王公贵族请去演唱，赏赐过万。安史之乱后，李龟年流落到江南，杜甫也流落到此，在一次宴会上偶遇，再次听到李龟年的演唱，挥笔题诗《江南逢李龟年》："岐王宅里寻常见，崔九堂前几度闻。正是江南好风景，落花时节又逢君"。这三位"龟年"，连同"彭年""鹤年"，均是表达了希冀长寿的意愿。

唐代中期，有位宰相名叫崔龟从，字玄告，取龟为"玄武"之意。崔龟从元和十二年进士及第，擅长礼学，精通历代沿革，曾撰写过《续唐历》。晚唐时还有一位以龟命名的著名人士是陆龟蒙，字鲁望。与上面几位取名含义不同，这里的"龟蒙"应取自地名。龟蒙山位于山东，春秋时属于鲁国范围。《诗经·鲁颂》中有"奄有龟蒙"，因此他的表字为"鲁望"。陆龟蒙癖好藏书，通六经大义，尤精《春秋》，同时和著名诗人皮日休为友，是唐朝隐逸诗人的代表；另外他在农学上同样造诣匪浅，所撰写的《耒耜经》是一部描写中国唐朝末期江南地区农具的专著。

在民间，为孩子取名

为龟的也比较普遍。如白居易《弄龟罗》："有侄始六岁，字之为阿龟，有女生三年，其名曰罗儿。"宋代梅尧臣有一日梦见道士赠送龟一枚，第二天妻子生下一个男孩，因此他在答和欧阳修的《洗儿诗》云："夜梦有人衣帔蜺，水边授我黄龟儿。明朝我妇忽在蓐，乃生男子实秀眉"。

到了宋代，龟的神秘色彩已基本隐退，养龟怡情逐渐风行，诗书画作中常可见到龟的身影。如"石治养龟水，月台留客琴""陂池绿静龟鱼乐，亭馆苍凉草树深""种竹梅松为老伴，养龟猿鹤助清娱"。书画中，最有情趣的是宋《蓼龟图》，溪水岸边，泥坡疏石，红蓼轻绽，野菊横斜。一只老龟缓缓爬坡上岸，驻足昂首，悠闲自在、与世无争。宋代大诗人陆游晚年号"龟堂"，并《长饥》诗云："早年羞学仗下马，末路幸似泥中龟"。"泥中龟"，典出《庄子·秋水》："此龟者，宁其死为留骨而贵乎？宁其生而曳尾于涂中乎？"因此，"泥中龟"，当是比喻自由自在的隐居生活。与"龟堂"相关的诗人的别号尚有"龟堂叟""龟堂病叟""龟堂老人"，皆是"老""寿"之义，既有老而无用之谦，又有年高寿长之慰。

宋代著名理学家杨时，晚年号"龟山"，曾投于洛阳著名学者程颢门下，并留下"程门立雪"的故事，成为尊师重道的佳话。后南下传道，被尊为"闽学鼻祖"，主要著述收于《杨龟山先生文集》。杨时曾在无锡设东林书院讲学，时人又称"龟山书院"。杨时辞世后，归葬故乡福建将乐。礼部尚书冯梦得以"龟山先生载道而南，为师儒宗"的名义奏请朝廷在将乐建立龟山书院，与无锡东林书院并存于世。

2、以龟命名的地名

用龟作地名的，有"龟河""龟津""龟山""龟（化）城"等等。"龟河""龟津"一般均指洛河，因相传曾有神龟背驮"洛书"献给大禹而得名。龟山与龟城则往往取象形之意，自然成名。

（1）龟山

目前我国以"龟山"命名的山峰多达十六座。有山东省宁阳县龟山、枣庄市龟山、新泰市龟山、江苏省淮安市龟山、苏州市龟山、安徽省巢湖市龟山、河南省信阳市龟山、山西省晋城市龟山、陕西省商洛市龟山、湖北省武汉市龟山、麻城市龟山、四川省宣汉县龟山、福建省莆田市龟山、台湾省高雄市龟山等等，今选择几处介绍如下：

山东省新泰市龟山，即上文中提到的《诗经》"奄有龟蒙"之"龟"即指此山。春秋时期，鲁国季氏专权，孔子虽为代理宰相，但因治国理念与专权的季桓子不同，后来逐渐遭到冷落。后曾登此山，赋《龟山操》，援琴而歌云："予欲望鲁兮，龟山蔽之。手无斧柯，奈龟山何"。诗的大意为：我想眺望鲁国啊，可龟山

遮掩着它，我无法望到，我想把龟山移开，可手里连把斧柄也没有，能把龟山怎么样呢？抒发了报国无门的凄凉心绪。

山东省宁阳县龟山，石呈红色，又名龟血石。西部石质较软，适于制作茶具；东部石质较硬，适于制作砚台。据《九九砚谱》记载，龟山砚具有坚而不顽、柔中有刚、滑不拒笔、涩不滞墨等特点，且上布金星，极为珍贵，有"研笔如锉、化墨如油，隔宿不漏"之美誉，历来为文人墨客所推崇。

湖北省武汉市龟山，位于武汉市汉阳城北，前临长江，北带汉水，西背月湖，南濒莲花湖，威武盘踞，和武昌蛇山夹江对峙，形势险峻。毛泽东词《菩萨蛮·黄鹤楼》中"烟雨莽苍苍，龟蛇锁大江"，便是对此处的绝妙书写。

湖北省麻城龟峰山位于麻东的龟山镇境内，由神奇的龟头、雄伟的龟背和形象逼真的龟尾等九座山峰组成，属于大别山山系，被誉为"天下第一龟"，以奇、险、峻、秀著称。

| 麻城市龟峰山 |

江苏省淮安市龟山村，因坐落在淮河中间的形似卧龟状小山而得名。龟山村青山绿水，景色宜人，现已入选中国传统村落名录。村落内古迹甚多。西南隅，有一口"支祁井"，相传大禹治水，三至桐柏，获水神支祁，命庚辰扼而制之，锁于山足下淮井之中。此外还有御码头、百牛潭、淮渎庙、淮渎碑、《移建安淮寺碑》等等。

陕西省商洛市龟山，位于商州城南。北有丹江，南有楚水、乳水环绕东去，中间好似天降神龟横卧大地，

| 淮安市龟山村 |

东伸河中汲水，西卧"文笔山"绵亘秦岭。据三国时嵇康《高士传》载："汉高后使张良诣南山迎四皓之处，因名高车山（即龟山）。山上有四皓碑及祠，皆汉惠帝所立也。"

（2）龟城

古人营建城池，往往取法于天地自然。龟"上隆法天，下平象地"，天然地成了"天圆地方"的象征，同时又兼备通晓天理、谙熟地脉、悟彻历史的特性，因此以龟为意匠进行城池营建，在选址、布局与规划方面逐步形成一套完备的理论。据不完全统计，历代被喻为"龟城"的古城将近30座，其中较为知名的有成都、赣州、商丘、昆明、苏州、梅州、平遥、永泰等。

成都得到"龟城"雅号，来自一段传说。据干宝《搜神记》记载："秦惠王二十七年，使张仪筑成都城，屡颓。忽有大龟浮于江，至东子城东南隅而毙。仪以问巫。巫曰：'依龟筑之。'便就。故名'龟化城'。"

赣州得名"龟城"则是出于精心营建。唐代末年，刺史卢光稠割据赣南，欲自立为王，请风水大师杨筠松

｜平遥古城平面图｜

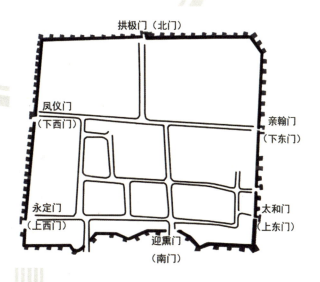

营建"卢王城"。杨筠松利用赣州城的地理地貌特点，将古城赣州的轮廓规划建设成为一只巨龟形状，迎逆章、贡两江而上，与上游其他八条主要支流相应，宛如游蛇顺流而下齐聚赣州，形成了"十蛇聚龟"的形胜之地。此后由于地处交通要汇，水系通达，客商旅居赣州的同时带来了外域文化，形成独具特色的赣派建筑。

平遥古城，位于山西省中部的平遥县城，始建于西周时期，为夯土城垣。明洪武三年重筑，按照相传的"山水朝阳，龟前戏水，城之攸建，依此为胜"说法，并取神龟"吉祥长寿"之意，筑为"龟城"。城门六座，东西各二，南北各一。东西城门外又筑以瓮城，以利防守。俯视全城古城，犹如一只巨大的"神龟"。其中南门为龟首，城外两眼井为龟眼；北门为龟尾，上下东西四门

| 永泰古城平面图 |

象征它的四肢；南大街为龟的脊梁，南北大街错落呈"S"形曲线，使"神龟"摇头摆尾，富有活力。

永泰古城，位于甘肃省景泰县西南27千米处，因其城堡似金龟，故称永泰龟城。明朝万历年间修建。城门向南，外筑甬门，外门为永宁门，内门为永泰门，门稍偏西，形似"龟头"；四面筑有瓮城，形似"龟爪"；城中打井五眼汇水入池构成"五脏六腑"；城北五座烽火台渐次远去恰如"龟尾"，附设有火药场、草料场、磨坊、马场等。由于城墙坚固，作为一道完备的军事屏障和防御工事，在明清两代具有重要的战略地位。

3、以龟命名的图书

龟可以卜吉凶，镜可以别妍丑，因此古人多用"龟鉴"比喻借鉴前事，以便明察秋毫，引以为戒。因此历代多有以"龟"命名规范借鉴类的图书。如《册府元龟》《折狱龟鉴》《言行龟鉴》《治世龟鉴》等等。

《册府元龟》，是一部政事历史百科全书性质的史学类书。景德二年（1005），宋真宗赵恒命王钦若、杨亿、孙奭等十八人一同编修历代君臣事迹。"册府"是帝王

｜《册府元龟》书影｜

藏书的地方；"元龟"是大龟，古代用以占卜国家大事，意即作为后世帝王治国理政的借鉴。《册府元龟》与《太平广记》《太平御览》《文苑英华》合称"宋四大书"，用编年体和列传体相结合，共勒成一千一百零四门。门有小序，述其指归，分为帝王、闰位、僭伪、列国君、储宫、宗室、外戚、宰辅、将帅、台省、邦计、宪官、谏诤、词臣、国史、掌礼、学校、刑法、卿监、环卫、铨选、贡举、奉使、内臣、牧守、令长、宫臣、幕府、陪臣、总录、外臣等三十一部。部有总序，言其经制。历八年成书，总计有一千卷，诏题名《册府元龟》。

《折狱龟鉴》中国古代一部著名的案例汇编，宋代郑克编著。书中所阐明的有些基本经验和方法，对侦破、审判、察伤、辨诬、决疑等司法实际工作也不失其参考和借鉴作用。

《言行龟鉴》，元代张光祖编著。主要内容是宋代名臣大儒的各类嘉行，如学问、操修、齐家、接物、出处、事君、政事、拾遗等等，供当世鉴戒、遵循。

《治世龟鉴》，元苏天爵撰。书中内容也是采摘宋以前善政嘉言，具体栏目有治体、用人、守令、爱民、为政、止盗。文字简练，寓意深刻，是治理国家的重要参考文献。

4、独占鳌头的美誉

"鳌"本是传说中的一种庞大的海生动物，据说头像乌龟，尾巴像鲤鱼，身形巨大，威猛有力，因此帝王宫殿台阶上装饰有巨型"鳌头"，以象征皇权威严，江山稳固。当时翰林学士、承旨等官朝见皇帝时，立于镌有巨鳌的殿陛石正中，因此称入翰林院为"上鳌头"。明清时期科举考试中的殿试结束后，考中进士的状元、榜眼、探花等人到皇帝殿前陛阶上迎榜。因只有状元一人独自站在中陛石上，故称之为"独占鳌头"。

"独占鳌头"遂衍生祝福学业有成的吉祥图案，纹样主题或者是一飞鸟单足立于巨鳌之上，或者是书生、

| 独占鳌头吉祥纹样 |

小儿或魁星持笔站立在巨鳌背上，伴以祥云海水。

最为别致的"独占鳌头"图案，莫过于融书画于一体的"魁星点斗"刻石。原创作者为清代大书法家马德昭，以"正心修身，克己复礼"八字巧妙地组合成左手托砚，右手执笔，一脚翘起托一"斗"字，一脚立于"鳌"字上的魁星形象，想象新奇，构图绝妙，是科举文化生动形象的标志物，至今展出于各大科举博览馆。

广东番禺地区民间流行的鳌鱼舞，便是对"独占鳌头"完整而生动的阐释。鳌鱼舞的表演内容包括书生遇难，落海获鳌相救；书生高中状元，状元犒劳恩公；为鳌鱼簪花披彩，齐跃龙门，独占鳌头等情节。一方面延续了传统文化中对鳌鱼的崇拜，同时也表达了"独占鳌头"高中科举的美好愿望。

乞龟致福——闽粤当代龟文化

乞龟致福——闽粤当代龟文化

时至今日，在闽台和潮汕地区，崇龟习俗依然久盛不衰。在当地人的心目中，龟是福、禄、寿、喜、财的象征，在人生礼仪、岁时节令、祭祀庆典中扮演重要的角色。修建房屋时，把龟埋在房基下，以龟镇宅保全家平安富贵；喜庆年节时，亲友之间互赠"红龟"来传递情谊；元宵佳节时，寺院宗庙组织"乞红龟"以祈福酬神；日常生活中，街头巷尾叫卖"榜舍龟"以飨食客游人。此外还有妇女梳龟髻，小儿玩龟棋等等。其中最富特色的民俗项目，是人生礼仪赠"红龟"和元宵佳节"乞红龟"。

1、赠"红龟"

"红龟"，也称红龟粿，是一种用糯米为原料的包馅粿品食物。粿模用坚硬耐腐的木头雕刻而成，呈凹状，有对称龟甲纹样图案，中间刻有"寿"字，寓意灵龟长寿。

闽南龟粿模印

| 闽南红龟粿 |

"红龟"如碗面大小，状如隆起的龟背，粿皮加入红色食用染料，故名红龟粿。

红龟粿是年节、婚喜、贺寿、祭典、乔迁新居等民俗活动中必不可少的吉祥食品，闽台民间每逢喜事庆典或传统节日，亲友间时兴互赠"红龟"分沾喜气。赠红龟习俗由来已久，据《澎湖志》中载："喜庆相赠曰红龟"，《台湾风物志》中载："（生子）赠红龟以祝长寿"。

在现实生活中，小孩满月时要做"满月龟"；四个月时要在小孩头上点红点，叫"点龟"，外祖母家还要给小孩送"龟"。婴儿周岁的礼仪更为隆重，俗称"度晬"，家里要做"四脚龟"，寓意龟者善爬，象征婴儿很快能开步走路，并制作红龟粿馈送亲友，希冀婴儿有"龟"护佑，健康长寿。同时还要举办"抓周"仪式，又称"抓龟"。在厅堂的八仙桌上摆满书、笔、算盘、秤、尺、剪刀、玩具等，令婴孩双脚踏在"度晬龟"上，任其自由抓取桌上的东西，来预测孩子未来的前途。这一仪式，既是对孩子长命百岁的祝福，也是对上古时期神龟负重与占卜的意识的遥承。

成人以后，崇龟习俗依旧伴随着人生的各项礼仪。如婚庆时以"龟"相贺，生日时以"龟"祝寿，丧葬时以"龟"为墓，仙逝后以"龟"祭祖。著名华侨陈嘉庚先生的陵园"鳌园"，就是因为其寿龟形墓冢而得名。

2、乞"红龟"

"乞红龟"又称"摆大龟""抗红龟"，是闽粤地区每年元宵等传统佳节中一项重要的民俗活动。最初是求子嗣，后来逐渐延展到福禄寿喜等各种祈求，所谓"乞龟求寿、添丁发财、任人祈求，过年还愿"。据乾隆三十六年（1771）《澎湖纪略》记载："元宵，各家先于十三夜起，门首挂灯，厅中张灯结彩；至十五日夜，各家俱备牲醴碗菜，供奉三界，阖家燕饮。庙中札有花卉人物，男妇有求嗣者，在神前祈杯，求得花一枝或'亚公仔'一个，回家供奉。如果添丁，到明年元宵时，另做新鲜花卉、人物以酬谢焉。"光绪年间，1893年《澎湖厅志》也有大同小异的记载，但"亚公仔"改为"面龟"一词。所谓面龟，即上文所述红龟粿。

"乞龟"活动的流程，首先是"祭龟"，各寺庙宫殿高烧大烛，供台上摆放着

｜闽台地区"乞龟"活动｜

| 闽台地区白米巨龟 |

善男信女奉还的和新"放生"的红米龟，还有用糯米特制的龙头大龟，对天公以及各殿堂所供奉的神灵进行三献礼。接下来是"摸龟"，龟的每个部位都有一定的说法，比如"摸龟头，盖大楼；摸龟嘴，大富贵；摸龟身，大翻身；摸着脚，子孙一大葩；摸着尾，夫妻保老有头搁有尾"。最后是"乞龟"，乞龟者焚香跪拜，许愿'卜杯'，也称'卜筶'（用两片竹板或两个铜板占卜），如得一阴一阳或一反一正，表示神佛如愿应求。最后，在寺庙特设的账簿上进行登记，并要写明来年还愿的数目。求取到红龟后，捧回家中，分切给家人亲友"吃平安"。年长者食头尾四肢，年幼者分食龟身，俗信能够分享吉祥，实现愿望。

近年来，随着经济环境改善，元宵节"乞红龟"祭祀方法也与时俱进。20世纪80年代末，澎湖天后宫首创使用小包装6千克的白米堆砌成巨龟的形式，并逐年增加数量，可达上万千克之多，并将这些平安米用于赈济贫户，使原本"乞龟"祈求自身及家人吉祥平安的利己行为，转化成"社会救助"的利他义举。

图书在版编目（CIP）数据

吉祥瑞兽. 龟 / 陈淑卿编著；张勃本辑主编. ——
哈尔滨：黑龙江少年儿童出版社，2020.6（2021.8 重印）
　（记住乡愁：留给孩子们的中国民俗文化 / 刘魁立
主编. 第十一辑，生肖祥瑞辑）
　ISBN 978-7-5319-6572-5

　Ⅰ. ①吉… Ⅱ. ①陈… ②张… Ⅲ. ①图腾－文化－
中国－青少年读物 Ⅳ. ①B933-49

中国版本图书馆CIP数据核字(2020)第005504号

记住乡愁——留给孩子们的中国民俗文化　　　　　刘魁立◎主编

第十一辑 生肖祥瑞辑　　　　　　　　　　　　　张　勃◎本辑主编

吉祥瑞兽·龟 JIXIANG RUISHOU·GUI　　　　　陈淑卿◎编著

出版人：商 亮
项目策划：张立新　刘伟波
项目统筹：华 汉
责任编辑：李欣伟
整体设计：文思天纵
责任印制：李 妍 王 刚
出版发行：黑龙江少年儿童出版社
　　　　　（黑龙江省哈尔滨市南岗区宣庆小区8号楼 150090）
网　　址：www.lsbook.com.cn
经　　销：全国新华书店
印　　装：北京一鑫印务有限责任公司
开　　本：787 mm×1092 mm　1/16
印　　张：5
字　　数：50千
书　　号：ISBN 978-7-5319-6572-5
版　　次：2020年6月第1版
印　　次：2021年8月第2次印刷
定　　价：35.00元